エコクラフトで作る
大人スタイルの
かごとバッグ

古木明美

河出書房新社

INTRODUCTION

ハサミと接着剤があれば作れるエコクラフト手芸。
収納バスケットから、おしゃれなバッグや雑貨まで
さまざまなアイテムを作れるのが魅力です。

本書では、エコクラフトだけで作る作品に加えて、
布や金具、持ち手など市販品を組み合わせて作るハイブリッドなアイテムも紹介。
柄使いが楽しい布とのコンビバッグや木製の持ち手をつけたバッグなど、
いつものエコクラフト作品とは違った雰囲気をぜひ堪能してください。

張りのあるエコクラフトバッグも、布とのコンビでソフトな印象に変身！
布の作業は増えますが、
エコクラフトの工程は「シートを作るだけ」、「かごを作るだけ」なので簡単です。
それに、どれも針と糸を使わずに作れるので、
ソーイングが苦手な人でも気軽にチャレンジできるはず。

また、「かごを作るだけ」で、持ち手は市販品を組み合わせた作品もおすすめ。
素材選び次第で高級感のある仕上がりになるので
大人スタイルのバッグを簡単に作ることができます。

エコクラフトだけで作る作品は、編み地のかわいらしさにこだわりました。
編み地のバラエティの豊富さ、異素材との組み合わせなど
エコクラフトの無限の可能性を感じながら
作品作りを楽しんでいただければうれしいです。

古木明美

CONTENTS

- 八つ目編みのバッグ 4
- 畝編みのバッグ 5
- カフェ椅子風のバッグ 6
- 北欧柄のステッチバッグ 7
- がま口のポシェット 8
- かご底のトートバッグ 9
- 斜めあじろのバスケットL 10
- 斜めあじろのバスケットS 11
- オーバル持ち手の畝編みバッグ 12
- ブロック模様のバッグ 13
- あじろシートと布のコンビバッグL 14
- あじろシートと布のコンビバッグM 15
- 菱出し模様のバッグ 16
- あじろ編みのキーケースとカードケース 17
- ベルト付きハンドバッグ 18
- あじろ編みのクラッチ 20
- 素編みのシートバッグ 21
- あじろ編みのウォレットバッグ 22

材料と用具 23

LESSON 1　畝編みのバッグを作る 24
LESSON 2　あじろ編みのカードケースを作る 27
LESSON 3　北欧柄のステッチバッグを作る 30

作品の作り方 33

●エコクラフトは牛乳パックなどから再生された紙バンドで、ハマナカ株式会社の登録商標です。
　本書の作品はすべてハマナカエコクラフトを使用しています。
●本書で使用した金具や持ち手、芯地など副資材については、材料で取り扱いメーカーと品番を掲載しています。
　なお取り扱いメーカーは略語で記載しています。問い合わせ先は72ページを参照してください。

メ＝メルヘンアート株式会社　　　　ツ＝株式会社角田商店　　　　　　イ＝INAZUMA（植村株式会社）
浅＝浅草ゆうらぶ　　　　　　　　　fb＝fabric bird（中商事株式会社）

八つ目編みの
バッグ How to make p.34

かご細工の伝統的な八つ目編みを
ツートーンの配色でモダンに仕上げました。
軽くて丈夫なかごバッグです。

畝編みの
バッグ How to make p.24

太いひもと細いひもで
追いかけるように編んだバッグ。
持ち手の始末をクロスがけして、
デザインのポイントに。

カフェ椅子風の
バッグ How to make p.37

パリのカフェでよく見かける、
ドット柄の籐椅子をイメージして作りました。
背もたれ風に引き返し編みで
カーブさせているのもポイントです。

北欧柄の
ステッチバッグ How to make p.30,71

明るいブルーの編み地に、北欧風のステッチが効いたバッグ。
大きめサイズなので、マルシェバッグや収納かごにもオススメです。

がま口の
ポシェット How to make p.40

木玉の口金とエコクラフトのかごがベストマッチ。
縫わずに作れる、布とのコンビ作品です。

かご底のトートバッグ　How to make p.43

布とエコクラフトの編みかごを合体させたトートバッグです。
柄選びが楽しい布づかいと、
持ち手が底にしっかり渡る丈夫なつくりがポイント。

斜めあじろの
バスケットL How to make p.46

斜めに組んだあじろ模様が美しい収納力バツグンのバスケット。
持ち手は平編みでバンド状にしています。

斜めあじろの
バスケットS How to make p.46

Lサイズのひも幅を半分にして同じ作り方で編みました。
メイク道具や手芸用品など、
こまごましたものを収納するのにもぴったり。

オーバル持ち手の
畝編みバッグ How to make p.50

シックな木製持ち手のフォルムを生かし、
引き返し編みを加えたバッグです。
荷物の多いおでかけにうれしい、
容量たっぷりのサイズです。

ブロック模様の
バッグ How to make p.53

まっすぐの縦ひもにあじろ編みしたバッグ。
ストライプが斜めに交差するモダンな編み地が素敵です。
どこかクラシカルな雰囲気もいい。

あじろシートと布の
コンビバッグ L How to make p.56

２本あじろで編んだシート、布で作った内袋を合体させたバッグ。
マチが布なので出し入れがしやすく、軽い仕上がり。

あじろシートと布の
コンビバッグ M

How to make p.56

内袋は接着剤で貼り合わせて作ります。
しなやかな樹脂製の芯地を使っているので
組み立てがとってもラク。
サイズ違いも簡単です。

菱出し模様の
バッグ How to make p.58

1色使いのかごを木製持ち手でシックなバッグに。
とばし編みでデザインした菱形の編み地がおしゃれ。

あじろ編みの
キーケースと
カードケース

How to make カードケース p.27, キーケース p.61

あじろで編んだシートに裏地を貼ってキーケース、
内袋をつけてカードケースに。
2本あじろと3本あじろ、好みでアレンジを。

ベルト付き
ハンドバッグ How to make p.62

クロアベルトがついたバイカラーのおしゃれなバッグ。
ベルトやかぶせに金具をつける手間はありますが、
バッグ本体はシンプルなつくりです。

あじろ編みの
クラッチ How to make p.66

張りのあるエコクラフトですが、布と組み合わせればクラッチも作れます。
3本あじろのシートは、色の組み合わせも楽しんで。

素編みの
シートバッグ

How to make p.68

素編みなら初心者さんでも
気軽にチャレンジできます。
持ち手も市販品を使えば
簡単で大人スタイルの仕上げに。

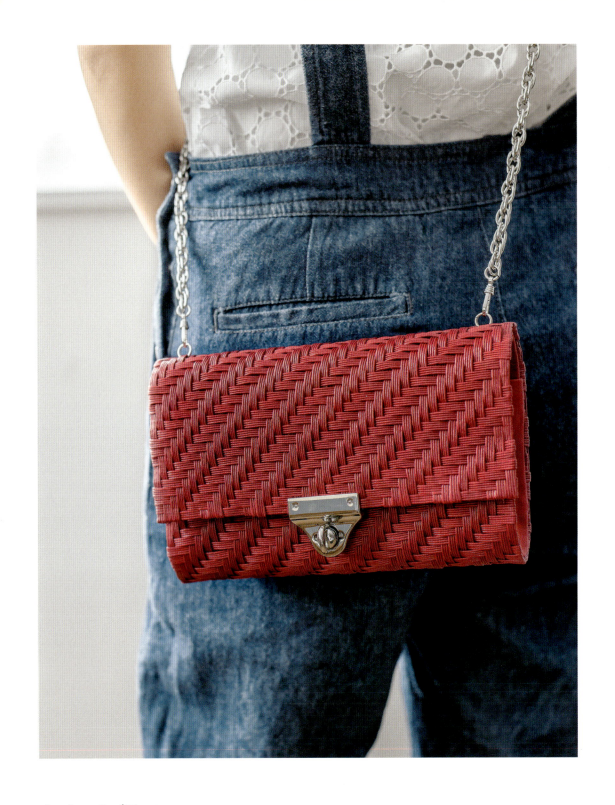

あじろ編みの
ウォレットバッグ How to make p.70

20ページのあじろ編みのクラッチに、ひねりの金具とチェーンをつけてアップグレード！
カジュアルはもちろんパーティシーンにもぴったりです。

MATERIALS & TOOLS
材料と用具

エコクラフト
かごやバッグを作るときのメインの材料です。
本書で使用しているものはすべてハマナカ製です。

エコクラフト5m巻
12本のこよりひもを貼り合わせてあり、好きな幅に割いて使用。小さな作品や差し色用に。全31色。

エコクラフト30m巻
大きな作品や基調色に使うときに経済的。シックな色合いを中心に全25色。ベージュ（1）のみ250m巻もある。

副資材
本書では、持ち手や留め具などに市販品を取り入れたり、布と組み合わせた作品も紹介しています。

市販の持ち手
エコクラフトで作る持ち手以外に、木製など素材を変えて持ち手をつけたい場合に。木工持ち手[角田商店]

芯地
薄地や普通地の布を使う場合は、シールタイプの接着芯を使用し、張りを持たせる。シールタイプ接着芯[浅草ゆうらぷ]

ひもの準備

割き方

12本幅より細い幅で使う場合、PPバンドで割く。こよりひもの間にハサミで切り込みを入れ、切り込みにPPバンドを入れ、エコクラフトを手前に引くようにする。

まとめ方

必要な長さと幅にカットしたひもは番号順に束ねておく。

POINT 裁ち方図のない作品は、ひもの番号順ではなく、幅が太く長いものから順にカットするとよい。サイズを間違えてカットしてしまってもリカバリーもしやすい。※本書では一部の作品に裁ち方図を載せていますので参考にしてください。

用具
主な用具を紹介します。金具類を使う作品はペンチやドライバーなど必要に応じて用意してください。

ハサミ
エコクラフトのカットに使う。文具用のハサミでは切りづらいのでクラフト用がおすすめ。ハマナカクラフトハサミ（H420-001）[ハマナカ]

接着剤
エコクラフトの貼り合わせに使う。本書使用の樹脂製接着芯には、右の「木工用多用途」を使用する。 左：ハマナカ手芸用クラフトボンド(H464-003)[ハマナカ]、右：ボンド木工用多用途[コニシ]

PPバンド
エコクラフトを割くときに使う。消耗するので数枚用意を。ワイヤーなどでも代用可能。

洗濯バサミ
ひもの浮き押さえや接着の際の仮どめとして使う。10個ほど用意すると便利。

メジャー、またはものさし
エコクラフトのサイズを測るときに使う。長いサイズにはメジャーが便利。

※[ ]内は取り扱いメーカー

LESSON 1

畝編みの バッグを作る

エコクラフトバッグの基本のひとつ、「四角底」と四角底に追いかけ編みをする「だ円底」の作り方を紹介します。「追いかけ編み」「輪編み」「3本縄編み」の技法もここで確認しましょう。

畝編みのバッグ
Photo p.5
Size W27×H18×D13cm

[材料]
ハマナカエコクラフト30m巻
…パステルピンク（116）1巻

[用具]
23ページ参照

[エコクラフトのカット幅と本数]
❶ 縦ひも 6本どり…72cm×5本
❷ 底ひも 8本どり…22cm×4本
❸ 縦ひも 6本どり…56cm×15本
❹ 始末ひも 6本どり…7.5cm×2本
❺ 編みひも 2本どり…350cm×2本
❻ 差しひも 6本どり…24cm×8本
❼ 縄編みひも 2本どり…400cm×3本
❽ 輪編みひも 10本どり…75cm×10本
❾ 輪編みひも 2本どり…77cm×9本
❿ 縄編みひも 2本どり…400cm×3本
⓫ 縁ひも 12本どり…72cm×1本
⓬ 持ち手編みひも 5本どり…80cm×8本

※裁ち図は52ページ参照。解説写真はわかりやすいようにひもの色を変えています。

▶底を作る

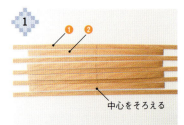

1 ❶縦ひも❷底ひもの中心に印をつけ、中心をそろえて交互に並べる。

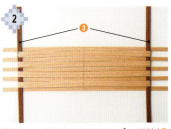

2 ❸縦ひも2本を中心をそろえて1の両端（❶の上、❷の下）に貼る。

3 ❹始末ひもを2で編み入れた❸縦ひもの上に貼る。

4 ❸縦ひも2本を重ね、2の編み目と交互になるように入れる。

5 編み入れた2本を左右に分ける。このようにして残りの❸縦ひもを入れる。最後は❸1本を中心に編み入れる。

6 ❸縦ひもをすべて入れたところ。ひもの間隔が均一になるように整える。【四角底】の完成。

▶追いかけ編み

❺編みひも2本で追いかけ編みをする。縦ひもに対して編み目が交互に出るようにし、1本ずつずらして編みひもの上に貼る。編みひも1本のひも端（★）は浮かせておく。

2本の編みひもで交互に追いかけるように互い違いに編む。1周（2段）編んだら、編み始めのひも端（★）を編んできたひもの上に貼る。隙間ができずにきれいな仕上がりになる。

追いかけ編みを3周（6段）編んだら、いったん編みひもを休ませる。

❻差しひもを2本ずつ四隅に斜めに貼る。

休ませていた編みひもで、差しひもも一緒に追いかけ編みを2周（4段）編む。編み終わりは余分をカットして縦ひもの内側に貼る。【だ円底】の完成。

縦ひもを立ち上げる。

▶3本縄編み

［裏側］　［表側］

❼縄編みひも3本を縦ひもの裏で編み終わりの編みひもに重ねて1本ずつずらして貼る。

1番左のひもを縦ひも2本とばして3本めにかける。

次に真ん中のひもを2本とばして3本めに上からかける。2本の編みひもの上になる。

次に1番右のひもを同様に2本とばして3本めに上からかける。

14～16をくり返して5段編む。

5段編んだところ。

▶輪編み

編みひもは余分をカットし、縦ひもの裏で編み終わりの編みひもに重ねて貼る。

❽輪編みひも1本をマチの縦ひも中央（★）の裏にとめ、縦ひもに対して編み目が交互に出るように編む（素編み）。1段めを編んだら、重なり（のり代）を測る。

25

㉑ 残りの❽輪編みひも9本と❾輪編みひも9本を同じのり代で輪にする。

㉒ 輪にした編みひもを縦ひもの外側にかぶせ、縦ひもを引き出して柄を出す。

㉓ ❽❾輪編みひもを交互に編み入れ、合計19段編む。

▶ 編み上がり

持ち手つけ位置

㉕ 縦ひもを始末する。すべて内側に折り、裏の編み目に通し、余分をカットする。

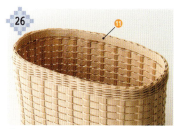

㉔ ❿縄編みひも3本で3本縄編みを5段編む。本体の編み上がり。

㉖ ⓫縁ひもを本体の縁の内側に1周貼る。貼り合わせ位置は目立ちにくいマチ側にするとよい。

▶ 持ち手をつける

㉗ ⓬持ち手編みひも4本で両端を15cmずつ残して丸編み(p.32)を36cm編む。

㉘ 4本のうち2本を縄編みの編み目に通す。

㉙ 表に通した2本を裏に通して折り上げ、写真のように4本を井桁に組む。

㉚ 裏に残っている2本を表に出して、折り上げる。

㉛ 表に出した2本をクロスし、縁を包むように折り返す。

㉜ 裏側で組んだ井桁に沿わせるように通し、接着剤で貼り、余分をカットする。

LESSON 2

カードケース
Photo p.17
Size W10.5×H7cm

あじろ編みの カードケースを作る

縦と横のひもを隙間なく詰めて編み入れます。
2本とばすのが「2本あじろ」、3本とばすのが「3本あじろ」です。
布を組み合わせた作品なので、
布や芯地の扱いについても確認しましょう。

[材料]

ハマナカエコクラフト5m巻…マロン(14) 1巻、サンド(13) 1巻
布…11号帆布(fb) 20cm角
芯地…スライサー0.35・シールタイプ接着芯(浅) 15×20cm

[用具]
23ページ参照

[エコクラフトのカット幅と本数]

❶編みひも 6本どり…20cm×15本
❷編みひも 6本どり…13cm×23本
❸とめひも サンド／2本どり…60cm×1本
❹ボタンひも 3本どり…20cm×3本
※指定外はマロン。

※解説写真はわかりやすいようにひもの色を変えています。

▶3本あじろを編む

❶**編みひも**を横に15本並べる。底がゆがまないように両面テープを貼った方眼のカットボードなどを利用するとよい。

❷**編みひも**1本を❶の中心に編む。ひもが3本ずつ表と裏に出るように(3本あじろ)編む。

まず左半分を編む。❷**編みひも**1本を中心の❷と1本ずらして3本あじろになるように編む。

さらに❷**編みひも**を3本あじろに編む。

左半分を編んだところ。左上に模様が流れるように3本あじろを編んだもの。

残りの❷**編みひも**で右半分も同様に編む。あじろのシートの編み上がり。

▶2本あじろの場合

1. ❶編みひもを横に並べ、❷編みひも1本をひもが2本ずつ表と裏に出るように(2本あじろ)中心に編む。
2. 1の左半分に❷編みひもを2本あじろに編む。
3. 残りの❷編みひもで右半分も同様に編む。

▶ひもの始末

7. 裏に返し、❶❷編みひもの始末をする。四方の辺のひもに対して、裏側(シート表側)にあるひもを折る。
8. 折り曲げていないひもが浮かないように接着剤を差し、貼り合わせる。
9. 折り曲げていないひもを縁でカットする。

▶内袋をつける

  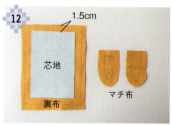

10. 7で折り曲げたひもを接着剤で貼る。シートのできあがり。サイズを測っておく。
11. ❷編みひもの端から5本め、9本めの位置でそれぞれ折り曲げる。
12. 芯地を10で測ったサイズにカットし、11の内側に沿わせて調整してから布を貼る。芯地の周囲にのり代1.5cmとってカットする。マチ布も周囲にのり代1.5cmとって用意する。

マチ布の型紙

13. 写真のように布をカットする。裏布の四つ角を斜めに落とし、マチ布のカーブの部分に切り込みを入れる。
14. 裏布ののり代をボンド 木工用多用途で芯地に貼る。マチ布の上は三つ折りして接着剤で貼る。

仕上がり線
のり代1.5cmつける

※実際のサイズに合わせて調整してください。

15
マチ布をボンド 木工用多用途で裏地の脇に貼る。内袋のできあがり。

16
11のシートの裏にボンド 木工用多用途を塗り、内袋を貼る。

接着剤について

エコクラフトや布と、今回使用している樹脂素材の芯地を接着するときは「ボンド 木工用多用途」を使います。エコクラフト同士の接着は、「ボンド 木工用多用途」でも「クラフトボンド」でもどちらでもOKです。

▶とめひもをつける

17
❸とめひもを半分に折り、写真の向きでケースの後ろに通す。

18
❹ボタンひもでボタンを作り、❸とめひもに通したら、結びとめる。

19
カードケースのふたあたりにボタンがくるように調整してできあがり。

ボタンの作り方

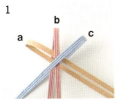
1
ボタンひもの3本を半分に軽く折る。aをbで挟む。さらにcで挟む。

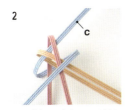
2
cの下側のひもをa、bの輪に通す。

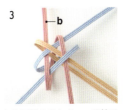
3
bの下側のひもをc、aの輪に通す。

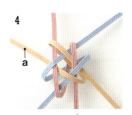
4
aの下側のひもを3でできたb、cの輪に通す。

5
引き締める。1目完成。

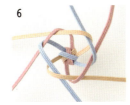
6
裏に返し、隣のひもを同じ方向で押さえ合うように組み、引き締める。

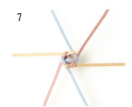
7
引き締めたところ。

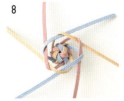
8
表に返し、6と同様に隣のひもを同じ方向で押さえ合うように組み、引き締める。

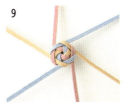
9
引き締めたところ。

10
裏に返し、余分なひもをカットし、接着剤でとめる。

11
とめひもはボタンの裏のひもに通す。

29

LESSON 3

北欧柄のステッチバッグを作る

北欧柄のステッチバッグ
Photo p.7
Size W36.5×H25×D15.5cm

「3本あじろ」で底を作り、
側面は模様が浮き出るように編むバッグです。
基本の「4重の持ち手」をつけます。
本書の作品によく使われる持ち手なので、ここでマスターしましょう。

[材料]
ハマナカエコクラフト30m巻
　…つゆ草(128) 2巻、グレー(120) 1巻

[用具]
23ページ参照

[エコクラフトのカット幅と本数]
① 縦ひも つゆ草／ 6本どり…94cm×21本
② 縦ひも つゆ草／ 6本どり…73cm×49本
③ 編みひも つゆ草／ 6本どり…107cm×20本
④ 編みひも グレー／ 6本どり…107cm×13本
⑤ 縁芯ひも つゆ草／ 12本どり…107cm×1本
⑥ 縁外ひも つゆ草／ 12本どり…108cm×1本
⑦ 縁内ひも つゆ草／ 12本どり…105cm×1本
⑧ 縁ステッチひも つゆ草／ 2本どり…480cm×1本
⑨ 持ち手内ひも つゆ草／ 10本どり…92cm×2本
⑩ 持ち手外ひも つゆ草／ 10本どり…93cm×2本
⑪ 持ち手巻きひも グレー／ 2本どり…570cm×2本

※裁ち図は71ページ参照。解説写真はわかりやすいようにひもの色を変えています。

▶かご本体を編む

1
❶縦ひも21本を横に並べ、❷縦ひもを3本あじろで編む。あじろの編み方はLESSON2参照。

❶❷縦ひもを立ち上げ、❸❹編みひもで[柄見本](p.71)を参照し、輪編み(p.25)で33段編む。

POINT

[柄見本]を2枚コピーして貼り合わせ、立体にしたものを参考に編むと作業しやすい。

持ち手位置の縦ひもを4カ所(8本)内側に折り、裏側で編み地に通して始末する。

❺縁芯ひもを最上段の❸編みひもと同様に通す。縦ひもを❺をくるむ方向で折り、折り線から1cmでカットし、貼る。

縦ひもをすべて始末したところ。

❻縁外ひもと❼縁内ひもを最上段を挟むように沿わせる。❽縁ステッチひもで縁をブランケットステッチの要領でかがる。縦ひも2本を1目分としてかがる。

1周かがってきたところ。

ひも先を内側に通し、かがり始めに残したひもと内側で重なるようにする。

裏側でひも端同士を重ね、貼り合わせる。

貼り合わせたら、余分をカットする。

▶ 4重の持ち手をつける

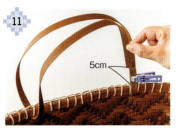

⑨持ち手内ひもを持ち手位置に外側からそれぞれ通す。一方のひも端を5cm分出し、ひも端が突き合わせになるように曲げる。

ひもの両端を突き合わせにして貼り合わせる。

⑩持ち手外ひもを**⑨持ち手内ひも**に重ねるようにして同様に通す。突き合わせの位置は⑨と逆になるようにし、余分はカットする。

⑪持ち手巻きひもを軽く二つ折りし、持ち手の中央に重ねて半分ずつ巻く。

隙間なく巻きつける。

巻き終わり。持ち手を可動タイプにする場合は、かごの縁ギリギリまで巻かない。

接着剤をつけて持ち手の間に通し、余分をカットする。反対側も同様に巻いて始末する。

持ち手をつけたところ。もう一方も同様につける。

丸編みの持ち手：4本のひもで丸いロープ状の持ち手を編みます。

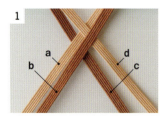

4本のひもを写真のように組む。

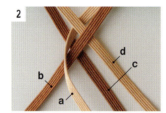

aのひもを**b**と**c**のひもの間に入れるようにひもを返す。

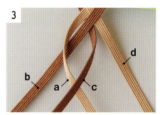

cのひもを**a**のひもと交差するようにひもを返す。

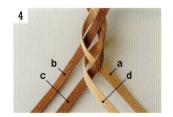

dのひもを後ろから**b**と**c**のひもの間に出し、表に返す。

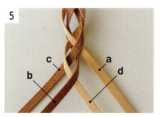

bのひもを後ろから**d**と**a**のひもの間に出し、表に返す。次は右端のひも（**a**）を後ろから**c**と**b**の間に出し、表に返す。

4～5のように、右端のひも、左端のひもと交互にくり返して編む。

HOW TO MAKE
作品の作り方

- 一部作品で紹介しているエコクラフトの裁ち方図や柄見本はわかりやすく図案化したもので、幅と長さの比率が実際のエコクラフトとは違います。
- エコクラフトを裁つときは、ひもが太く長いものから裁つのが基本です。効率よく裁てるよう、使用するひもの太さやカット幅、本数を確認し、裁つ順番を決めてカットするようにしましょう。
- 作品のできあがり寸法は目安です。編む手加減や使用するテープによって寸法が変わることがあります。本書の作り方はすべてハマナカ株式会社製のエコクラフトを使用した場合のサイズ表記になっています。色や商品を変えて制作する場合は、ひもの太さが異なることがあるので、ご注意ください。
- 解説写真はわかりやすいようにひもの色を変えています。

Photo p.4 Size W27×H21×D10cm

八つ目編みのバッグ

[材料]

ハマナカエコクラフト30m巻…クリーム（110）1巻
ハマナカエコクラフト5m巻…パステルブルー（18）2巻

[用具]

23ページ参照

[エコクラフトのカット幅と本数]

❶縦ひも クリーム／4本どり…85cm×8本
❷縦ひも クリーム／4本どり…67cm×20本
❸斜めひも パステルブルー／4本どり…92cm×24本
❹編みひも クリーム／4本どり…82cm×16本
❺差しひも パステルブルー／4本どり…80cm×4本
❻縁外ひも クリーム／12本どり…82cm×1本
❼縁始末ひも パステルブルー／2本どり…82cm×3本
❽縁内ひも クリーム／12本どり…79cm×1本
❾持ち手内ひも クリーム／8本どり…76cm×2本
❿持ち手外ひも クリーム／8本どり…77cm×2本
⓫持ち手巻きひも クリーム／2本どり…365cm×2本

[裁ち図]

クリーム　　　　　　　　　　　　　　　　　　　　　　　　　　　　□=余り部分

（①4本どり 85cm×8本　②4本どり 67cm×20本）
590cm

（④4本どり 82cm×16本）
544cm

（⑨8本どり 76cm×2本　⑩8本どり 77cm×2本　⑥12本どり 82cm×1本　⑧12本どり 79cm×1本　⑪2本どり 365cm×2本）
479cm

パステルブルー

（③4本どり 92cm×24本）
460cm

（⑤4本どり 80cm×4本　⑦2本どり 82cm×3本）
438cm

[作り方]

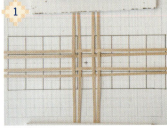

1
3.5cm角の方眼（3×9マス）を用意する。❶縦ひもを2本ずつ方眼のラインを挟むように横に2列並べ、❷縦ひも2本ずつを井桁になるように組む。

2
残りの❷縦ひもを方眼の縦ラインに沿って10列組んだところ。

3
残りの❶縦ひもを組んだところ。

34

❸**斜めひも**を斜めに通す。[横ひも（2本）の上、縦ひも2本の下＝通し方A]となるように1本ずつ通す。

4本通したところ。

12本通したところ。

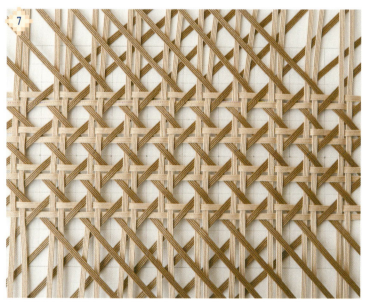

次に❸**斜めひも**を逆方向に通す。[横ひも（2本）の下、縦ひも2本の上＝通し方B]となるように1本ずつ通す。4〜6のように中心から2本ずつ通していくとよい。

❶〜❸のひもを立ち上げる。

❹**編みひも**2本ずつで側面を編む。正面の縦ひもに❹を洗濯バサミでとめ、底と同じ組み方になるように編む。角までできたところ。

❺**差しひも**1本を半分に折り、斜めひもと同じ方向（左上方向は通し方B、右上方向は通し方A）で角に編む。

角に❺**差しひも**1本ずつ編み入れながら、❹**編みひも**で横方向に側面を編む。

1周編んだところ。ひも端は縦ひもに隠れるように貼り合わせる。

35

14
最終段の❹編みひもから1cmほど残し、❶～❸と❺のひもをカットする。

13
残りの❹編みひもを2本ずつ、7段分(計8段)編む。

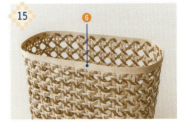

15
❻縁外ひもを最終段の❹編みひものすぐ上に1周貼る。貼り合わせがマチにくるようにするとよい。

16
❼縁始末ひもを❻縁外ひもの上に合わせて、1本ずつ重ねて貼る。

POINT
❼縁始末ひもの1本めのスタートは❻縁外ひもの端から突き合わせで貼る。❼の2本め、3本めも同様に前に貼ったひも端と突き合わせて貼る。

17
❽縁内ひもを内側に1周貼る。

POINT
❽縁内ひもも16と同様に、❼縁始末ひもの貼り終わりと突き合わせて貼る。❽の貼り終わりは重ねる。

18
LESSON3 4重の持ち手(p.32)を参照し、❾持ち手内ひも❿持ち手外ひもで、中心の5模様を挟む位置に持ち手をつける。

19
⓫持ち手巻きひもを軽く二つ折りし、持ち手の中央に重ねて半分ずつ巻く。

20
かごの縁まで巻いたら、接着剤をつけて持ち手の間に通し、余分をカットする。反対側も同様に巻いて始末する。

21
もう一方も同様に持ち手をつける。

Photo p.6 W24.5×H14〜16×D12cm

カフェ椅子風のバッグ

[材料]

ハマナカエコクラフト30m巻…茜色(126) 1巻
ハマナカエコクラフト5m巻…サンド(13) 2巻

[用具]

23ページ参照

[エコクラフトのカット幅と本数]

❶縦ひも A サンド ／ 6本どり…68cm×3本
　　　　 B 茜色 ／ 6本どり…68cm×2本
❷底ひも 茜色 ／ 8本どり…20cm×4本
❸縦ひも A 茜色 ／ 6本どり…58cm×6本
　　　　 B サンド ／ 6本どり…58cm×5本
❹始末ひも 茜色 ／ 6本どり…7.5cm×2本
❺底編みひも 茜色 ／ 2本どり…320cm×2本
❻差しひも A サンド ／ 6本どり…22cm×4本
　　　　　 B 茜色 ／ 6本どり…22cm×4本
❼編みひも 茜色 ／ 4本どり…320cm×4本
❽編みひも サンド ／ 2本どり…90cm×2本
❾輪編みひも サンド ／ 6本どり…79cm×3本
❿編みひも サンド ／ 2本どり…90cm×2本
⓫編みひも 茜色 ／ 4本どり…79cm×2本
⓬編みひも 茜色 ／ 2本どり…330cm×2本
⓭縄編みひも 茜色 ／ 2本どり…250cm×3本
⓮縁内ひも 茜色 ／ 6本どり…78cm×1本
⓯持ち手内ひも 茜色 ／ 8本どり…80cm×2本
⓰持ち手外ひも 茜色 ／ 8本どり…81cm×2本
⓱持ち手飾りひも サンド ／ 4本どり…35cm×2本
⓲持ち手巻きひも 茜色 ／ 2本どり…450cm×2本

[裁ち図]

37

[作り方]

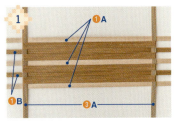

❶縦ひも❷底ひもを交互に並べ、❸Aの縦ひも2本を中心をそろえて両端(❶の上、❷の下)にそれぞれ貼る。

❹始末ひもを❸縦ひもの上に貼る。

残りの❸を編み目が交互になるように、またAとBが交互になるよう入れる。LESSON1のだ円底(p.25)を参照し、❺底編みひも2本で追いかけ編み3周(6段)編み、ひもを休めて❻差しひもを2本ずつ角に貼り、❻も一緒に追いかけ編み2周(4段)編む。

❼編みひも2本をマチの縦ひもに1本ずつずらして貼り、縦ひもを立ち上げる(p.40・3、4)。❼で追いかけ編み9周(18段)編む。編み終わりは余分をカットし、縦ひもの内側に貼る(p.44・4)。

❽編みひも2本をマチの縦ひもに1本ずつずらして洗たくバサミでとめ、縦ひもを挟みながらねじり編みを1周する。編み終わりはカットし、縦ひもの裏で編みひもに重ねて貼る。

1周(1段)編んだところ。

❾輪編みひもで素編みを1段編む。

7ののり代を測り、同じのり代で残りの❾輪編みひもを輪にし、前後と交互になるように輪編みを2段編む。

❿編みひも2本でねじり編みを1段編む。

⓫編みひも2本で素編みを2段編む。

⓬編みひも1本で引き返し編みをする。マチの中心(❶縦ひもA)を避け、1本手前の縦ひもの裏に⓬をとめ、素編みする。

38

もう一方のマチまで編んだら、マチの中心の縦ひもの1本手前で引き返す。

1段編むごとに縦ひも1本手前で引き返し、12段編む。編み終わりのひもは1.5cm残してカットし、⑫編みひもの裏に貼る。反対側の面も同様に⑫1本で引き返し編みをする。

LESSON1の3本縄編み(p.25)を参照し、⑬縄編みひも3本で3段編む。

縦ひもをすべて内側に折り、編み目に通して始末する。

⑭縁内ひもを1周貼る。

LESSON3の四重の持ち手(p.32)を参照し、⑮持ち手内ひも ⑯持ち手外ひもで持ち手をつける。

⑰持ち手飾りひもを重ね、⑱持ち手巻きひもを巻く。⑱を軽く二つ折りし、持ち手の中央に巻いたところ。

⑲持ち手巻きひもを⑰持ち手飾りひもの下1回、上2回の順に巻き、13模様作る。

模様を作りながら巻いているところ。

13模様作ったら、残りは模様を入れずに巻く。

巻き終わりは接着剤をつけて持ち手の間に通し、余分をカットする。反対側も同様にする。

もう一方の持ち手も17～22と同様に作る。

Photo p.8 Size W15×H17×D8cm

がま口のポシェット

[材料]

ハマナカエコクラフト5m巻……マロン(14) 2巻
布(表布)…コットン(fb) 26×26cm
布(裏布)…11号帆布(fb) 25×50cm
芯地…スライサー 0.35・シールタイプ接着芯(浅) 25×25cm
口金…18cm木玉がま口口金カン付き(ブラウン／ツ)
チェーン…両ナスカン付き0.8mm角線チェーン(K108・N／ツ) 120cm

[用具]

23ページ参照、マイナスドライバー

[エコクラフトのカット幅と本数]

❶縦ひも 4本どり…44cm×3本
❷底ひも 6本どり…10cm×2本
❸縦ひも 4本どり…36cm×9本
❹始末ひも 4本どり…3cm×2本
❺編みひも 2本どり…180cm×2本
❻差しひも 4本どり…16cm×8本
❼編みひも 3本どり…500cm×2本
❽口金始末ひも 2本どり…30cm×4本

[裁ち図]

[作り方]

LESSON1の底を作る(p.24)を参照し、❶縦ひも❷底ひも❸縦ひも❹始末ひもで四角底を作る。

LESSON1の追いかけ編み(p.25)を参照し、❺編みひも2本で3周(6段)編み、ひもを休め、❻差しひもを2本ずつ四隅に貼り、2周(4段)編む。余分をカットし、内側にとめる。

❼編みひも2本を写真のように縦ひも1本ずつずらしてとめる。

縦ひもを立ち上げる。ただし、垂直にせず、ゆるやかにカーブさせる程度に折る。

❼編みひも2本で追いかけ編みを11周(22段)編む。編み終わりは縦ひもの裏に1本ずつずらして貼る(p.44・4)。

縦ひもを最終段の編みひもを包む方向に折る。

7 縦ひもを表と裏でそれぞれ編み目に通して始末する。かごのできあがり。

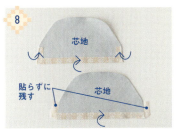

8 型紙(p.42)を参照し、芯地をカットする。表布をのり代をとって裁ち、芯地に貼る。1つは両脇ののり代を残しておく。

9 両脇に残したのり代で、8を輪につなげる。

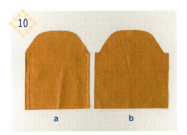

10 裏布を裁つ。1つはのり代を内側に貼り(a)、もう1つは両脇ののり代を残しておく(b)。

11 bの上にaを重ね、aののり代の上にbののり代を重ねるように貼る。

12 口のカーブを合わせて11に9をかぶせるように重ねる。

13 口のカーブ部分の縁をボンド 木工用多用途で貼り合わせる。

14 ❽口金始末ひもを2本ずつ重ねて裏布の口のカーブに貼る。

15 裏布の底部分を1cm分貼り合わせ、底をそれぞれ端から4cmつまんで三角マチを作る。

16 三角マチを脇側に折り上げ、1cm残してカットし、貼り合わせる。

17 口金の溝にボンド 木工用多用途をつけ、布袋の口をマイナスドライバーなどで差し込んで口金をはめる。

18 かごの上から12段分にボンド 木工用多用途を塗り、表布をかぶせて貼る。かごの内側にも接着剤を塗り、裏布を貼る。口金のカンにチェーンをつける。

[型紙]

《50%縮小型紙》
※200%に拡大コピーして お使いください。
※エコクラフトのかごや シートのサイズに 合わせ、調整して 使用してください。

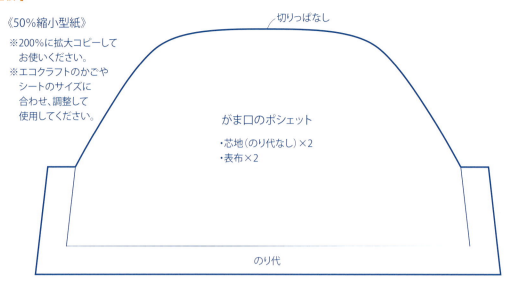

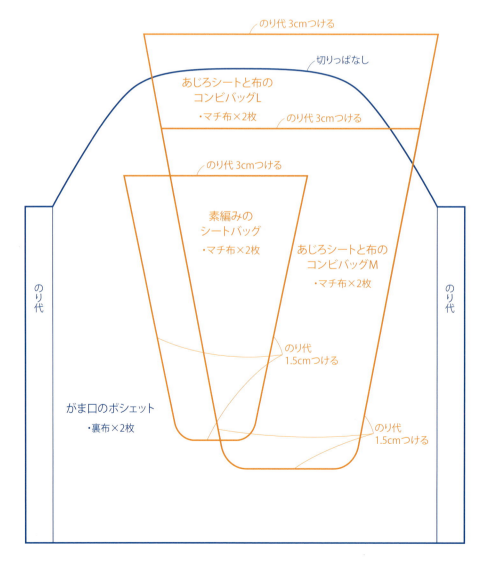

Photo p.9 Size W24.5×H23×D12cm

かご底のトートバッグ

[材料]

ハマナカエコクラフト30m巻……モスグリーン(112) 1巻
布(表布)…コットン(fb) 40×21cm 2枚
布(裏布)…11号帆布(fb) 44×30cm 2枚
布(ポケット)…11号帆布(fb) 15×26cm
芯地…スライサー 1.0・シールタイプ接着芯(浅) 37×18cm
　　　2枚

[用具]

23ページ参照、目打ち

[エコクラフトのカット幅と本数]

① 縦ひも 6本どり…72cm×5本
② 底ひも 8本どり…20cm×4本
③ 縦ひも 6本どり…60cm×11本
④ 始末ひも 6本どり…8cm×2本
⑤ 編みひも 2本どり…320cm×2本
⑥ 差しひも 6本どり…26cm×8本
⑦ 編みひも 4本どり…480cm×4本
⑧ 持ち手芯ひも 8本どり…190cm×1本
⑨ 持ち手外ひも 8本どり…192cm×1本
⑩ 持ち手内ひも 8本どり…40cm×2本
⑪ 持ち手巻きひも 2本どり…400cm×2本

[裁ち図]

モスグリーン　　　　　　　　　　　　　　　　　　　　　　　　　　　□=余り部分

① 6本どり 72cm×5本　　①　　③ 6本どり 60cm×11本　　③　　③　　③
①　　　①　　③　　③　　③　　③　　③　　③
———————————————— 516cm ————————————————

⑥ 6本どり 26cm×8本　　② 8本どり 20cm×4本　　⑤ 2本どり 320cm×2本
⑥　⑥　⑥　⑥　　　　　　　　　　　　　　　　⑪ 2本どり 400cm×2本
　　　　　　　　　　　　　　　　　　　　　　　⑦ 4本どり 480cm×4本
④ 6本どり 8cm×2本 ———————————— 512cm ————————————

⑧ 8本どり 190cm×1本　　⑨ 8本どり 192cm×1本　　⑩
———————————————— 502cm ————————————————　⑩ 8本どり 40cm×2本

⑩　　　⑦
　　　　⑦
　　　　⑦
———————————————— 520cm ————————————————

[作り方]

1　LESSON1の底を作る(p.24)を参照し、①縦ひも②底ひも③縦ひも④始末ひもで四角底を作る。

2　LESSON1の追いかけ編み(p.25)を参照し、⑤編みひも2本で3周(6段)編み、ひもを休め、⑥差しひもを2本ずつ四隅に貼り、2周(4段)編む。余分をカットし、内側にとめる。

3　⑦編みひも2本を縦ひも1本ずつずらして貼り、縦ひもを立ち上げ(p.41・3、4)、⑦2本で追いかけ編みを13周(26段)編む。

43

❼編みひもは縦ひもに隠れる位置でカットし、縦ひも1本ずつずらして貼る。

縦ひもを最終段の編みひもを包む方向に折り、それぞれ編み目に通して始末する。

始末したところ。かごのできあがり。

表布用の布に芯地を貼り、周囲にのり代1.5cmとってカットし、角をそれぞれ写真のようにカットする。1つは四辺すべてのり代をボンド 木工用多用途で貼り、もう1つは両脇ののり代を残しておく。※かごの口周り74cmの場合。

両端に残したのり代で、7を輪につなげる（p.41・8、9）。

裏布用の布でポケット付きの内袋（p.45）を作る。

表布と内袋に合い印をつけておく。

かごの上から17段分にボンド 木工用多用途を塗り、表布をかぶせて貼る。

❽持ち手芯ひもは中心に印をつけ、かごの底から側面に写真のように通す。印が底の中心にくるようにする。

さらに、反対側の側面に通して、12の通し始めと底中心で突き合わせになるように底に通す。

❽持ち手芯ひもに接着剤をつけ、表布に貼る。

❾持ち手外ひもを❽持ち手芯ひもに重ねて通す。12と反対の位置から通し、❽と貼り合わせる（写真のかごは12と反対面）。

❿持ち手内ひもを持ち手の内側に中心からそれぞれ貼る。両端は表布の内側までくる。

内袋を中表にし、合い印を合わせて、表布の内側に貼る。

⓫持ち手巻きひもを持ち手に巻く。中心から半分ずつ左右に巻いたところ。

バッグの口から1cm下の位置に目打ちで穴を2個あける。

⓫持ち手巻きひもの裏に接着剤をつけ、穴に通してクロスがけする。

表でクロスにしたら、ひも端を巻きひもの間に通し、余分をカットする。

クロスがけできたところ。

もう一方も同様にクロスがける。残りの持ち手も18〜22と同様にする。

[内袋の作り方]

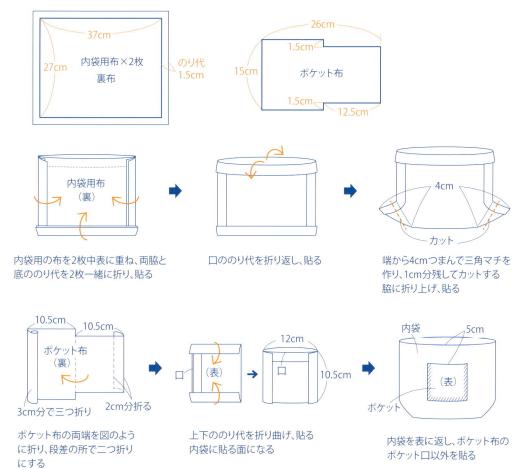

Photo p.10,11 Size S W19.5×H10×D13.5cm, L W37×H20×D25cm

斜めあじろのバスケット

[材料]

●Sサイズ
ハマナカエコクラフト30m巻…茜色(126) 1巻

●Lサイズ
ハマナカエコクラフト30m巻…かきしぶ(121) 2巻
ハマナカエコクラフト5m巻…かきしぶ(21) 2巻

[用具]
23ページ参照

[エコクラフトのカット幅と本数]

●Sサイズ
① 編みひも 6本どり…57cm×12本
② 編みひも 6本どり…56cm×4本
③ 編みひも 6本どり…54cm×4本
④ 編みひも 6本どり…53cm×4本
⑤ 編みひも 6本どり…51cm×4本
⑥ 編みひも 6本どり…50cm×4本
⑦ 編みひも 6本どり…48cm×4本
⑧ 編みひも 6本どり…47cm×4本
⑨ 編みひも 6本どり…45cm×4本
⑩ 編みひも 6本どり…44cm×4本
⑪ 編みひも 6本どり…42cm×4本
⑫ 編みひも 6本どり…41cm×4本
⑬ 編みひも 6本どり…39cm×4本
⑭ 持ち手ひも 6本どり…60cm×4本
⑮ 縁外ひも 10本どり…70cm×1本
⑯ 縁内ひも 10本どり…68cm×1本
⑰ 縁ステッチひも 1本どり…360cm×1本

●Lサイズ
① 編みひも 12本どり…113cm×12本
② 編みひも 12本どり…111cm×4本
③ 編みひも 12本どり…108cm×4本
④ 編みひも 12本どり…105cm×4本
⑤ 編みひも 12本どり…102cm×4本
⑥ 編みひも 12本どり…99cm×4本
⑦ 編みひも 12本どり…96cm×4本
⑧ 編みひも 12本どり…93cm×4本
⑨ 編みひも 12本どり…90cm×4本
⑩ 編みひも 12本どり…87cm×4本
⑪ 編みひも 12本どり…84cm×4本
⑫ 編みひも 12本どり…81cm×4本
⑬ 編みひも 12本どり…78cm×4本
⑭ 持ち手ひも 10本どり…90cm×4本
⑮ 縁外ひも 10本どり…133cm×1本
⑯ 縁内ひも 10本どり…129cm×1本
⑰ 縁ステッチひも 2本どり…450cm×1本
⑱ 持ち手補強ひも 12本どり…45cm×3本
⑲ 持ち手補強ひも 6本どり…45cm×2本

[作り方] ※Sサイズで解説しています。

1. ①編みひも2本を中心で十字に組み、接着剤で貼る。縦ひもを上にする。残りの①も同様に十字に組んで貼る

2. 十字に組んだ①編みひも2本を1の右下のエリアに写真のように編む。(右下エリア)

3. 十字に組んだ①編みひも2本を2の右下のエリアに写真のように編む。

4. 残りの①編みひもを組んだところ。

5. 4の左側に②～⑬編みひもを1本ずつ中心を合わせて写真のように編み入れる。

46

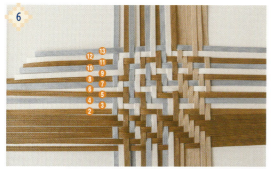

5の上側に②〜⓭編みひもを1本ずつ中心を合わせて写真のように編み入れる。

6の右側に②〜⓭編みひもを1本ずつ中心を合わせて写真のように編み入れる。

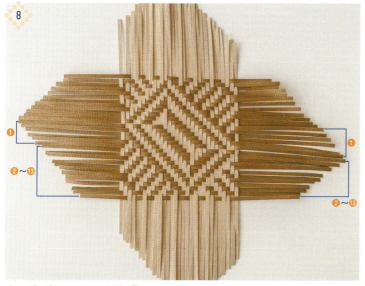

残りの②〜⓭編みひもを1本ずつ7の下側に編み入れる。すべて編んだところ。

裏に返す。編み地の❶編みひもと②編みひもの間を頂点として結んだラインが底になる。

底のラインに沿って、編みひもを立ち上げる。組んだひもが外れないよう洗濯バサミでとめておくとよい。

[柄見本(p.48)]を参照し、底の角に当たるひもからあじろに編む。1本編んだところ。

2本編んだところ。

3本編んだところ。

6本編んだところ。

1つの角を編んだところ。[柄見本]を参照しながら、反対の角からもあじろに編む。

47

[柄見本]

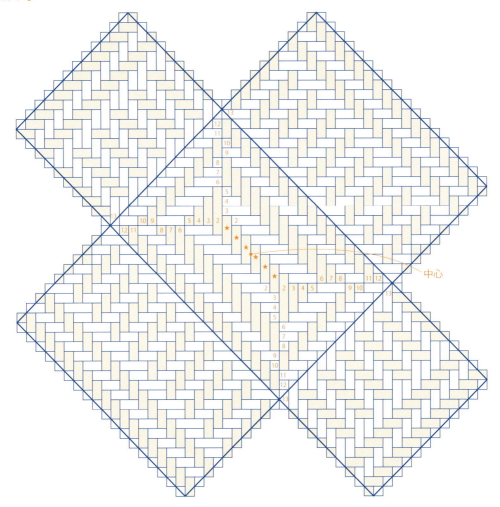

中心

16 本体の編み上がり。

17 編みひもを始末する。外側(右上)にある編みひもを右下方向に折る。

18 あじろの編み目に沿って編み地に2段通す。余分はカットする。

19 残りの編みひも(左上)を左下方向に折り、編み目に沿って編み地に通す。

POINT
編み地に隠れるよう、短めにカットしてから通すとよい。

20 始末できたところ。

48

★Lサイズの場合

❶持ち手編みひも4本で、両端を10cmずつ残し、丸編みを31cm分編む（p.32）。

両端のひもをかごの外側と内側で編み目に沿わせ、接着剤をつけて通す。

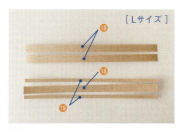

❶持ち手編みひも4本で、両端を15cmずつ残し、平編みを46cm分編む。ひも端をかごの外側で編み目に沿わせ、接着剤をつけて通す。

❶❶持ち手補強ひもを写真のような組み合わせで24本どり幅にし、Lサイズの持ち手の裏に二重に貼る。

❶縁外ひもと❶縁内ひもで縁を挟みながら沿わせ、❶縁ステッチひもでかがる。

2つ分を1目分として❶縁ステッチひもでかがる。

縦ラインが2重になるように同じ位置でくり返してから、進める。

1周かがったら、かがり始めのひも端でステッチを整える。接着剤をつけ、❶縁内ひもの内側に通して始末する。

平編みの持ち手

1
4本のひもを写真のように井桁に組む。

2
左側にあるひもを90度手前に折る。

3
右側にあるひもを90度後ろ側に折って、中央で交差させる。

4
2と同様に折る。

5
3と同様に折る。

6
外側にあるひもを交互に折り進める。

49

Photo p.12 Size W37×H23×D12.5cm

オーバル持ち手の畝編みバッグ

[材料]

ハマナカエコクラフト30m巻…からし（124）2巻
持ち手…木工持ち手（D22・茶／ツ）1組

[用具]

23ページ参照

[エコクラフトのカット幅と本数]

❶縦ひも 6本どり…96cm×5本
❷底ひも 8本どり…32cm×4本
❸縦ひも 6本どり…70cm×21本
❹始末ひも 6本どり…7.5cm×2本
❺編みひも 2本どり…450cm×2本
❻差しひも 6本どり…31cm×8本
❼縄編みひも 2本どり…500cm×3本
❽輪編みひも 10本どり…96cm×12本
❾輪編みひも 2本どり…98cm×12本
❿編みひも 10本どり…48cm×2本
⓫編みひも 2本どり…40cm×2本
⓬編みひも 10本どり…38cm×2本
⓭縄編みひも 2本どり…500cm×3本
⓮持ち手つけひも 2本どり…15cm×22本

[裁ち図]

からし　　　　　　　　　　　　　　　　　　　　　　　　　　　　■=余り部分

（裁ち図省略）

[作り方]

LESSON1の底を作る（p.24）を参照し、❶縦ひも❷底ひも❸縦ひも❹始末ひもで四角底を作る。

LESSON1の追いかけ編み（p.25）を参照し、❺編みひも2本で追いかけ編みで3周（6段）編み、ひもを休め、❻差しひもを2本ずつ四隅に貼り、2周（4段）編む。余分をカットし、内側にとめる。

⑩編みひもで中央の縦ひも5本を避け、片側ずつ素編みする。

中央の縦ひもから4本めの手前まで⑩編みひもの先端を半分(5本どり)に割く。

縦ひもを立ち上げ、LESSON1の3本縄編み(p.25)を参照し、❼縄編みひも3本で3本縄編みを5段編む。LESSON1の輪編み(p.25)を参照し、❽❾輪編みひも各12本で交互に輪編みを編む。

割いたひもの下側と上側をそれぞれ縦ひもの位置をずらして折り返し、裏で貼る。反対側も同様にする。

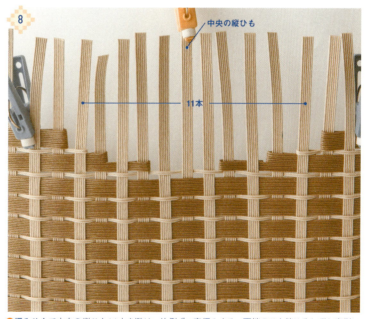

⑪編みひもで中央の縦ひも9本を避け、片側ずつ素編みする。両端のひも端はそれぞれ裏側に折り、⑪の裏に重ねて貼る。

⑫編みひもで中央の縦ひも11本を避け、片側ずつ素編みする。両端のひも端はそれぞれ裏側に折り、⑫の裏に重ねて貼る。

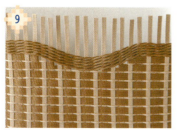

⑬縄編みひも3本で3本縄編みを5段編む。中央のカーブに沿わせて編んでいく。

本体の編み上がり。

縦ひもを始末する。すべて内側に折り、裏の編み目に通し、余分をカットする。

51

⓮**持ち手つけひも**で持ち手をつける。⓮1本を中央の縦ひもの位置に縦に通す。

持ち手をセットし、⓮**持ち手つけひも**を通して持ち手の上でクロスさせる。

ひも端を裏に通し、結んで始末する。

固結びし、結び目に接着剤をつけて裏の編み目に通し、余分をカットする。

残りの⓮**持ち手つけひも**で上側は3カ所、下側は縦ひもに合わせて6～8カ所とめる。反対側も同様にする。

Photo p.4 作り方 p.24 (LESSON1)

畝編みのバッグ

[裁ち図]

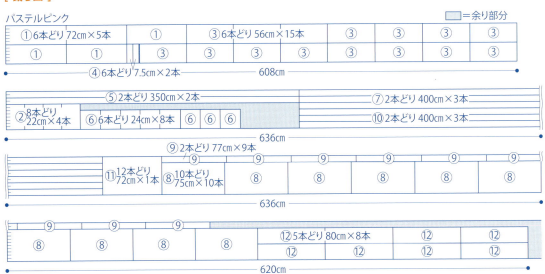

Photo p.13 Size W35×H23〜26×D9cm

ブロック模様のバッグ

[材料]

ハマナカエコクラフト30m巻…チョコレート(115) 1 巻、グレー（120）1 巻

[用具]

23ページ参照

[エコクラフトのカット幅と本数]

❶縦ひも グレー／ 6本どり…96cm×12本
❷縦ひも グレー／ 6本どり…76cm×48本
❸編みひも 6本どり…89cm×31本
❹編みひも 6本どり…44cm×10本
❺縁始末ひも（マチ）6本どり…12cm×2本
❻縁始末ひも 6本どり…30cm×2本
❼持ち手外ひも 8本どり…60cm×4本
❽持ち手内ひも 8本どり…47cm×4本
❾持ち手巻きひも 2本どり…620cm×2本
❿縁補強ひも（正面）12本どり…30cm×2本
⓫縁補強ひも（正面斜め）12本どり…8cm×4本
⓬縁補強ひも（マチ）12本どり…9cm×2本
※指定外はすべてチョコレート。

[作り方]

1. 本体の底を編む。❶縦ひも12本を横に並べ、[柄見本]を参照し、❷縦ひも48本で3本あじろに編む（p.27）。
2. 側面を編む。縦ひもを立ち上げ、[柄見本]を参照し、❸編みひも31本で31段編む。1段めを編んでから残りの❸30本を同じのり代で輪にし、輪編みする。
3. マチ部分の❶縦ひも（左右12本ずつ）を最終段の編みひもを包む方向に折る。
4. ❹編みひも5本ずつを[柄見本]を参照し、マチ部分を外して前後の正面のみに編む。
5. 口の始末〜持ち手のつけ方(p.54)を参照し、❺〜⓬のひもで本体の縁を始末し、持ち手をつける。

[裁ち図]

グレー　□＝余り部分

| ①6本どり 96cm×12本 | ① | ① | ① | ① | ②6本どり 76cm×48本 |
| ① | ① | ① | ① | ① | ② | ② | ② |

804cm

② × 多数（836cm）

② × 多数（760cm）

チョコレート

③6本どり 89cm×31本 … 801cm

③／④6本どり 44cm×10本 … 755cm

⑥6本どり30cm×2本　⑩12本どり30cm×2本　⑫12本どり9cm×2本
④／⑤／⑦8本どり60cm×4本／⑧8本どり47cm×4本／⑩⑪⑫
⑨2本どり620cm×2本
⑤6本どり12cm×2本　730cm　⑪12本どり8cm×4本

[柄見本]

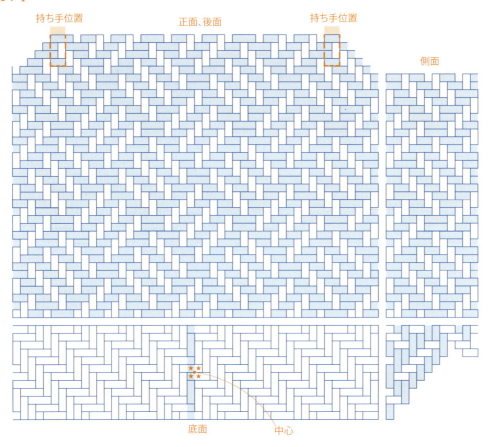

[口の始末〜持ち手のつけ方]

❹編みひもを本体の前後（正面）に5段分編んだところ。

マチ部分の❶縦ひものうち、内側に折っているひもを裏の編み目に通して始末する。

❺縁始末ひも（マチ）1本をマチの縁に沿わせ、残った縦ひもを内側に折り返して始末する。反対側のマチも同様に始末する。

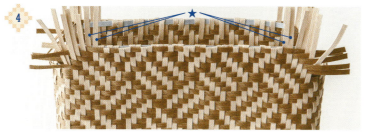

4 正面の❷縦ひもを始末する。最終段の編みひもを包む方向に折り、内側に折ったひもはそのまま裏の編み目に通して始末する。❻縁始末ひもを正面の縁内側に沿わせ、残った縦ひもを内側に折り返して始末する。このとき、持ち手の芯用に★の4カ所（8本）は始末せずに残す。

5 ❹編みひもの両端を始末する。縦ひもに沿わせるよう90度に折り、裏の編み目に通して始末する。

6 5段分始末したところ。

7 正面の斜めにあたる❷縦ひも5本を始末する。横ひもに沿わせるよう90度に折り、裏の編み目に通して始末する。

8 持ち手部分の❷縦ひも4カ所（8本）は始末せず残しておく。

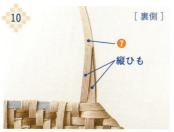

9 ❼**持ち手外ひも**1本を［柄見本］を参照し、持ち手つけ位置で縦ひもに沿わせるように通す。

10 縦ひも2本は裏で重ね、❼**持ち手外ひも**になじませるように貼る。

11 ❽**持ち手内ひも**2本を❼の裏側に重ねて貼る。縦ひもと突き合わせになるように貼ること。

12 ❼**持ち手外ひも**1本をさらに重ねて貼る。反対側も同様に持ち手を作る。

13 ❾**持ち手巻きひも**を持ち手に巻く。巻き終わりはクロスがけし、裏で接着剤をつけてとめる。反対側も同様に巻く。

14 ❿〜⓬**縁補強ひも**を貼る。マチ、斜めライン、正面の順に重ねながら貼る。

Photo p.14　Size M W21×H21×D7cm　L W22×H29×D7cm

あじろシートと布のコンビバッグ

[材料]

●M
ハマナカエコクラフト30m巻…からし（124）1巻
布…90×26cm
芯地…スライサー1.0・シールタイプ接着芯（浅）53×23cm

●L
ハマナカエコクラフト30m巻…モスグリーン（112）1巻
布…70×55cm
芯地…スライサー1.0・シールタイプ接着芯（浅）53×23cm

[用具]

23ページ参照

[エコクラフトのカット幅と本数]

●M
❶編みひも 12本どり…56cm×15本
❷編みひも 12本どり…28cm×35本
❸始末ひも 12本どり…21.5cm×2本
❹始末ひも 12本どり…47cm×2本
❺丸編みひも 4本どり…70cm×8本

●L
❶編みひも 12本どり…70cm×15本
❷編みひも 12本どり…28cm×45本
❸始末ひも 12本どり…21.5cm×2本
❹始末ひも 12本どり…62cm×2本
❺持ち手ひも 4本どり…90cm×8本

[作り方]　※Mサイズで解説します。

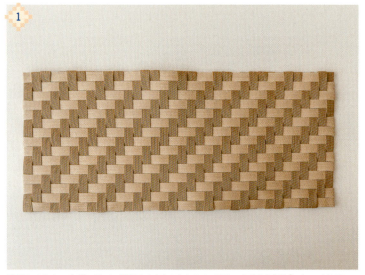

1. ❶編みひもを15本横に並べ、❷編みひもを2本あじろで編む。LESSON2（p.27）と違って柄が右上流れになる。裏に返し、❶❷のひも端を1.5cm残してカットし、貼る。シートのサイズを測っておく。Lサイズの編み方は右ページ参照。

2. 裏側で始末したところ。

3. ❷編みひもの端からそれぞれ15本め（Lは20本め）の位置でコの字に折り曲げる。

★Lの場合

4. ❸始末ひもをシートの短辺に貼る。縁ギリギリではなく少し（1mm）控えて貼り、❹始末ひもをシートの長辺に❸と突き合わせになるように貼る。

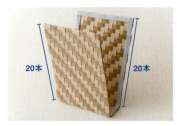

❷編みひもの端からそれぞれ20本めの位置でコの字に折り曲げる。Mと同様に❸始末ひも❹始末ひもの順に貼る。

5. ❺持ち手ひも4本で両端15cmずつ残して丸編みを23cm分編む（p.32）。2本作る。ひも端を編み地の裏側で写真の位置に通す。

★Lの場合

ひも端は折り返して厚みが出ないようにつぶし、編み地に差し込んで余分をカットする。

持ち手をつけたところ。

❺持ち手ひも4本で両端15cmずつ残して丸編みを45cm分編み、ひも端を編み地の裏側で写真の位置に通す。

芯地を1で測ったサイズにカットする。コの字に折ったシートの内側に洗濯バサミで仮どめし、サイズを確認してはみ出ないようにカットする。LESSON2(p.28)を参照し、布に芯地を貼り、周囲にのり代1.5cmとってカットし、ボンド 木工用多用途でのり代を貼る。

マチ布を用意する(型紙はp.42)。上は三つ折りして接着剤で貼り、カーブの部分に切り込みを入れる。

マチ布をボンド 木工用多用途で裏地に貼る。内袋のできあがり。

シートの裏にボンド 木工用多用途を塗り、内袋を貼る。

★Lの編み地

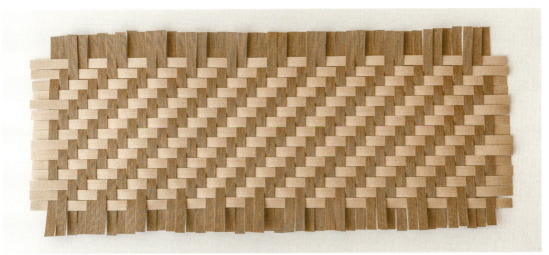

❶編みひもを15本横に並べ、❷編みひも45本で2本あじろを編んだところ。

57

Photo p.16 Size W28×H18×D8cm

菱出し模様のバッグ

[材料]

ハマナカエコクラフト30m巻…マロン(114) 1巻
持ち手…木工持ち手(D21・ニス焼き／ツ) 1組

[用具]

23ページ参照

[エコクラフトのカット幅と本数]

① 縦ひも 4本どり…72cm×7本
② 底ひも 6本どり…28cm×6本
③ 縦ひも 4本どり…52cm×21本
④ 始末ひも 4本どり…8cm×2本
⑤ 輪編みひも 3本どり…74cm×46本
⑥ 縁編みひも 6本どり…74cm×1本
⑦ 縁外ひも 8本どり…75cm×1本
⑧ 縁内ひも 8本どり…71cm×1本
⑨ 持ち手つけひも 2本どり…300cm×2本

[裁ち図]

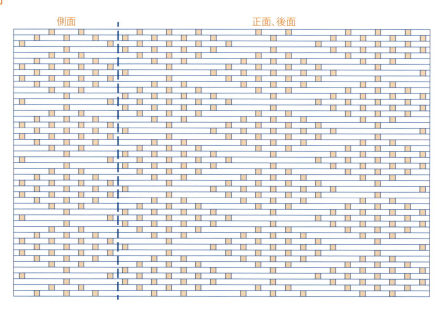

[柄見本]

58

[作り方]

LESSON1 底を作る (p.24) を参照し、❶〜❹のひもで四角底を作る。

縦ひもを立ち上げる。

❺輪編みひも1本を、マチ側の縦ひもの裏にとめ、[柄見本]を参照して編む。

3ののり代を測り、残りの❺輪編みひもを同じのり代で輪にする。

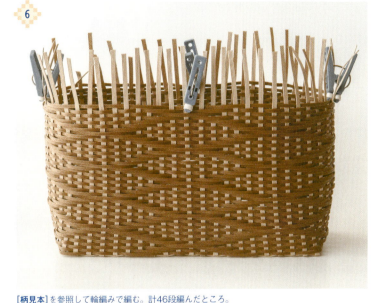

[柄見本]を参照して輪編みで編む。計46段編んだところ。

輪にした❺輪編みひもを縦ひもの外側にかぶせ、[柄見本]を参照して縦ひもを引き出す。

❻縁編みひもを素編みで1周し、両端を貼り合わせる。

縦ひもの始末をする。最終段のひもを包む方向に折り、編み目に差し込んで始末する。

縁の外側に❼縁外ひもを、内側に❽縁内ひもを貼る。重なりはマチ側になるようにして貼る。

持ち手をセットし、❾持ち手つけひもを通す。同じ長さで二つ折りになるように調整する。

片側のひもで縦ひもの間を通しながら、斜めにかがっていく。

端までかがったところ。

13 もう片側のひもでクロスを作りながら斜めにかがっていく。

14 端までかがったら、持ち手とかごの縁の間から2本のひもを表に出す。

15 クロスの中央でねじりながら、かがり始めまで戻る。

16 上に位置するひもをクロスの下に通しながら、クロスの中央でねじる。

17 端までねじり編みをしたところ。

18 裏に渡っているひもにひと結びする。

19 結び目に接着剤をつけて裏のひもに通し、余分をカットする。

Photo p.17 Size W10.5×H7cm

あじろ編みのキーケース

[材料]

ハマナカエコクラフト5m巻…チョコレート(15) 1巻、サンド(13) 1巻
布…11号帆布(fb) 14×19cm
芯地…スライサー 0.35・シールタイプ接着芯(浅) 11×16cm
キーホルダー金具…1セット

[用具]

23ページ参照、ドライバー

[エコクラフトのカット幅と本数]

❶編みひも 6本どり…20cm×15本
❷編みひも 6本どり…13cm×23本
❸とめひも サンド／2本どり…60cm×1本
❹ボタンひも 3本どり…20cm×3本
※指定外はチョコレート。

[作り方]

1

❶編みひもを15本横に並べ、❷編みひもを2本あじろで編む。❶❷のひも端を始末してシートにする。あじろの編み方、始末の仕方はLESSON2 (p.27)参照。

2

❷編みひもの端から5本め、9本めの位置でそれぞれ折り曲げる。

3

LESSON2 (p.28)を参照し、裏布を用意する。シートのサイズに芯地をカットする。2の内側に沿わせて調整してから布に芯地を貼り、周囲にのり代1.5cmとってカットし、ボンド 木工用多用途でのり代を貼る。

4

キーホルダー金具を3にドライバーで取りつける。

5

シートの裏にボンド 木工用多用途を塗り、4を貼る。あじろ編みのカードケース(p.29)と同様に、❸とめひもを背面に通し、❹ボタンひもで作ったボタンを通す。

Photo p.18 Size W28×H23×D16cm

ベルト付きハンドバッグ

[材料]

● 紺×白
ハマナカエコクラフト30m巻…あいいろ（122）1巻、白（102）1巻

● グレー×つゆ草
ハマナカエコクラフト30m巻…グレー（120）1巻、つゆ草（128）1巻

● 共通
金具……ベルト金具（AKR-1-1S／イ）1セット、ベルト支え金具（AKR-2-1S／イ）1セット

[用具]

23ページ参照、穴あけ用パンチ、ドライバー

[エコクラフトのカット幅と本数]

❶ 縦ひも　あいいろ／8本どり…84cm×7本
❷ 底ひも　あいいろ／12本どり…28cm×6本
❸ 縦ひも　あいいろ／8本どり…70cm×13本
❹ 始末ひも　あいいろ／8本どり…16cm×2本
❺ 縄編みひも　白／2本どり…100cm×3本
❻ 輪編みひも　白／12本どり…89cm×10本
❼ 縄編みひも　白／2本どり…100cm×3本
❽ 輪編みひも　あいいろ／12本どり…89cm×5本
❾ カバー用ひも　白／12本どり…15cm×40本
❿ 縁内始末ひも　あいいろ／12本どり…88cm×1本
⓫ かぶせ縦ひも　あいいろ／8本どり…45cm×2本
⓬ かぶせ編みひも　あいいろ／4本どり…210cm×1本
⓭ 縁内補強ひも　あいいろ／12本どり…28cm×2本
⓮ 持ち手内ひも　あいいろ／12本どり…72cm×2本
⓯ 持ち手外ひも　あいいろ／12本どり…73cm×2本
⓰ 持ち手巻きひも　あいいろ／2本どり…500cm×2本
⓱ ベルト　あいいろ／12本どり…56cm×2本
⓲ かぶせ始末ひも　あいいろ／8本どり…6cm×1本

※グレー×つゆ草は、あいいろをグレー、白をつゆ草で用意する。

[裁ち図]

あいいろ（グレー）　　　　　　　　　　　　　　　　　　　　　　　　　　　　＝余り部分

①8本どり84cm×7本　①　①　①　①　①　　③8本どり70cm×13本
⓬4本どり210cm×1本　　　　　　　⓰2本どり500cm×2本
798cm

③ ③ ③ ③ ③ ③ ③ ③ ③ ③
700cm

⓲8本どり6cm×1本
④ ⓫8本どり45cm×2本　②12本どり28cm×6本　⑧12本どり89cm×5本　⑧　⑧　⑧
④8本どり16cm×2本
741cm

⓾12本どり88cm×1本　⓭ ⓭　⓮12本どり72cm×2本　⓯12本どり73cm×2本　⓱12本どり56cm×2本
⓭12本どり28cm×2本
546cm

白（つゆ草）

⑤2本どり100cm×3本　⑥12本どり89cm×10本　⑥　⑥　⑥　⑥　⑥　⑥
⑦2本どり100cm×3本
812cm

⑥　⑥　⑨12本どり15cm×40本　⑨⑨⑨⑨⑨⑨⑨⑨⑨⑨⑨⑨⑨⑨
778cm

62

[作り方]

1. LESSON1の底を作る (p.24) を参照し、❶～❹のひもで四角底を作る。

2. 縦ひもを立ち上げる。

3. LESSON1の3本縄編み (p.25) を参照し、❺縄編みひも3本で1段編む。

4. 3本縄編みを1段編んだところ。

5. ❻輪編みひも1本で素編みを1段編む (p.25・20)。

6. のり代を測り、同じのり代で残りの❻輪編みひもと❽輪編みひもを輪にする。

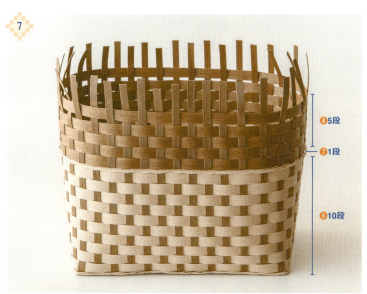

7. 輪にした❽輪編みひもで輪編みを交互に9段 (計10段) 編む。さらに、❼縄編みひも3本で3本縄編みを1段編み、❽輪編みひもで、❻と交互になるように輪編みを5段編む。

8. 縦ひもを最終段のひもを包む方向に折る。

9. ❾カバー用ひもを縦ひもに重なるように❺、❼の3本縄編みの間に接着剤をつけて差し込む。

10. 縦ひもをすべて❾でカバーしたところ。

11. 縦ひもの始末をする。内側に折った縦ひもを上から3段めに入れる。

12. ❿縁内始末ひもを縁の内側に沿わせる。外側に折った縦ひもを内側に折り返し、❿を包みながら上から2段めに入れる。

63

13 外側に折った縦ひもを内側で始末したところ。

14 形を整え、マチを内側に折り込む。

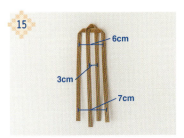

15 かぶせを作る。⑪かぶせ縦ひも2本をそれぞれ写真のように折り、セットする。内側は3cm、外側は上が6cm幅、下が7cm幅になるようにする。

16 ⑫かぶせ編みひも1本で引き返し編みを29段編む。

17 29段編んだところ。⑫かぶせ編みひもの編み始めは裏側に折り、始末する。

18 ⑪かぶせ縦ひもの内側のひもを始末する。写真の位置でカットし、ひも端をボンドで貼る。

19 aを折り返し、裏に貼ったところ。bも貼る。

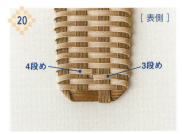

20 ひねり金具をつける穴をあける。上から3、4段めの中央の⑫をカットし、接着剤で貼る。

21 穴をあけたところ。余分な縦ひもも少しカットする。

22 かぶせ用の金具を表裏にセットし、裏側からドライバーでネジどめする。

POINT

ベルト用金具セット。左からひねり金具、かぶせ用の金具、ベルト金具2つになる。

23 ひねり金具を上から4段めの中央につける。ひねり金具の足を隙間に差し込み、裏側で足を曲げて固定する。

24 ベルト支え金具をつける。

25 かぶせを本体に取りつける。⓫**かぶせ縦ひも**4本を❽**輪編みひも**と❿**縁内始末ひも**の間に入れる。

26 ひもを折り上げ、縁から出る余分をカットし、接着剤で貼る。

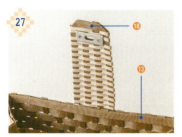

27 ⓭**縁内補強ひも**を本体の縁に貼る。⓲**かぶせ始末ひも**をかぶせの端に合わせて角を落とし、裏側に貼る。

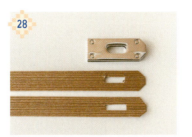

28 ⓱**ベルト**1本を半分に折る。角を落とし、金具の隙間に合わせて切り抜く。端から切り込みを入れて四角く抜くが、切り込み位置は上下ずらす。

29 本体後ろ側、端から2本めの縦ひもに⓱を通し、二つ折りに貼り合わせる。

30 ベルト金具のねじ位置に合わせ、穴を2カ所、穴あけパンチであける。

31 ベルト金具を表裏にセットし、裏側からドライバーでネジどめする。もう一方の⓱**ベルト**も28〜31と同様に作る。

32 LESSON3の四重の持ち手(p.32)を参照し、⓮**持ち手内ひも**⓯**持ち手外ひも**で持ち手を写真の位置につける。

33 ⓰**持ち手巻きひも**を持ち手の中央に重ね、半分ずつ巻く。

34 ⓰**持ち手巻きひも**を巻いたところ。もう一方も同様に作る。

65

Photo p.20 Size W22×H13cm

あじろ編みのクラッチ

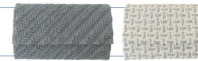

[材料]

●ブルー
ハマナカエコクラフト30m巻…つゆ草(128) 1巻

●ツートーン
ハマナカエコクラフト5m巻…白(02) 2巻、パステルブルー(18) 2巻

●共通
マグネット金具…直径1.5cm1セット
布…25×41cm、15×15cm
芯地…スライサー 0.35・シールタイプ接着芯(浅) 22×38cm

[用具]

23ページ参照、ペンチ

[エコクラフトのカット幅と本数]

●ブルー
❶編みひも 4本どり…43cm× 45本
❷編みひも 4本どり…28cm×74本
❸始末ひも 12本どり…22cm×2本
❹始末ひも 12本どり…36cm×2本

●ツートーン
❶編みひもa 白／ 4本どり…43cm×30本
　　　　　 b パステルブルー／ 4本どり…43cm×15本
❷編みひもa 白／ 4本どり…28cm×49本
　　　　　 b パステルブルー／ 4本どり…28cm×25本
❸始末ひも パステルブルー／ 12本どり…22cm×2本
❹始末ひも パステルブルー／ 12本どり…36cm×2本

[作り方]

❶編みひもを45本横に並べ、❷編みひもで3本あじろを編む。ツートーン作品の場合は写真に示した順番でabのひもを編む。あじろの編み方はLESSON2 (p.27)参照。

2

裏に返し、❶❷**編みひも**の始末をする。ひもを裏側に折り、1cmにカットして接着剤で貼る。

POINT

短辺の両端のひも端は2cmにカットし、長辺のひも端の上に重ねる。

3

始末したところ。厚みが出ないよう、ひもをしっかり折って貼る。

4

シートのできあがり（横38.5×縦22cm）。ここでサイズを測っておく。
※あじろを編む手加減でサイズが変わります。

5

❷**編みひも**の端から21本め、30本めの位置でそれぞれ軽く折り曲げ、フラップの重なりが14本分になるよう洗濯バサミでとめてしばらく置き、折りグセをつける。

6

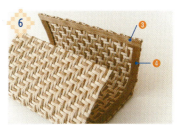

❸**始末ひも**をシートの短辺に貼る。縁ギリギリではなく少し（1mm）控えて貼り、❹**始末ひも**をシートの端に❸と突き合わせになるように貼る。

7

マグネット凹を❷**編みひも**の端から10本めと11本めの間につける。つけ位置の❶**編みひも**をカットし、裏側で金具足をペンチで曲げてとめる。

8

シートの裏側。金具足を曲げて固定したところ。

9

LESSON2 (p.28)を参照し、内袋を作る。芯地を4で測ったサイズより縦横1cm小さく裁ち、布に貼る。のり代1.5cmとって布を裁ち、貼る。マチ布は型紙(p.70)にのり代をつけて裁つ。

10

マチ布の上は三つ折りして接着剤で貼り、カーブの部分に切り込みを入れる。

11

マチ布をボンド 木工用多用途で裏地の脇に貼る。内袋のできあがり。

12

内袋をシートにセットし、マグネット凸の位置を確認してからつける。11のシートの裏にボンド 木工用多用途を塗り、内袋を貼る。

67

Photo p.21　Size W22×H17×D5cm

素編みのシートバッグ

[材料]

ハマナカエコクラフト30m巻…サンド(113) 1巻
布…11号帆布(fb) 25×68cm
芯地…スライサー 0.35・シールタイプ接着芯(浅) 22×39cm
持ち手…U字型木工持ち手(D25・濃茶／ツ) 1組

[用具]

23ページ参照

[エコクラフトのカット幅と本数]

❶編みひも 6本どり…43cm×31本
❷編みひも 6本どり…28cm×21本
❸始末ひも 12本どり…22cm×2本
❹始末ひも 12本どり…36cm×2本
❺持ち手つけひも 2本どり…35cm×4本

[作り方]

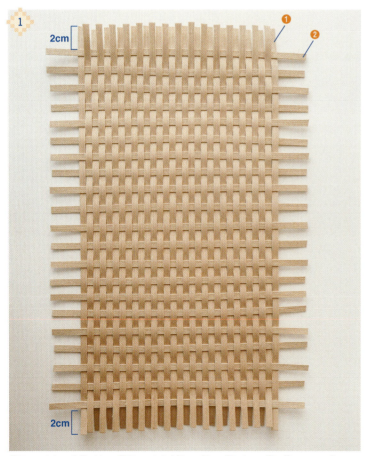

❶編みひもを31本縦に並べ、❷編みひもを素編みで編む。❷の上下は❶の端から2cmずつあけ、前段と交互になるように等間隔で編む。

裏に返し、❶❷編みひもをすべて内側に折る。

❷編みひもの端からそれぞれ9本めの位置でコの字に折り曲げる。

4

ひも端をすべて1cmにカットし、接着剤で貼る。シートのサイズを測っておく。

5

❸**始末ひも**をシートの短辺に貼る。縁ギリギリではなく少し（1mm）控えて貼り、❹**始末ひも**をシートの長辺に❸と突き合わせになるように貼る。

6

❺**持ち手つけひも**を写真の位置（端から5本め）に通す。

7

持ち手をセットし、❺**持ち手つけひも**を持ち手の穴に通し、クロスさせて裏に通す。

8

裏でクロスさせて再度、表に通す。

9

表に出したところ。

10

ひもをクロスさせ、写真のように7のクロスと井桁になるように組む。

11

裏に通して固結びし、接着剤をつけて余分をカットする。

12

同様に持ち手をつけたところ。

13

芯地を1で測ったサイズにカットする。あじろシートと布のコンビバッグ（p.57）8〜10と同様にマチ布を用意し（型紙はp.42）、内袋を作る。

14

シートの裏にボンド 木工用多用途を塗り、内袋を貼る。

69

Photo p.22 Size W22×H13cm

あじろ編みのウォレットバッグ

[材料]

ハマナカエコクラフト30m巻…茜色（126）1巻
ひねり金具…シルバー（S1081／メ）1組
布…25×41cm、15×15cm
芯地…スライサー 0.35・シールタイプ接着芯（浅）22×36cm
チェーン…両ナスカン付きロープチェーン（K110・N／ツ）120cm
丸カン…直径1cm　2個

[用具]

23ページ参照、ドライバー、ペンチ

[エコクラフトのカット幅と本数]

❶編みひも 4本どり…43cm×45本
❷編みひも 4本どり…28cm×74本
❸始末ひも 12本どり…22cm×2本
❹始末ひも 12本どり…36cm×2本

[作り方]

1　あじろ編みのクラッチ（p.66）と同様に❶❷編みひもで3本あじろのシートを作り、折りぐせをつけてから❸❹始末ひもを貼る。
2　あじろ編みのクラッチ（p.66）と同様に内袋を作る。ただし、ひねり金具の座を挟むので、ふた部分の中央は少し控える。
3　ひねり金具の座と受けをシートに取りつける。
4　シートの裏にボンド 木工用多用途を塗り、内袋を貼る。
5　丸カンをシートの編みひもに通し、チェーンをつける。

▶ひねり金具の取りつけ方

ひねり金具の座をふたの縁中央にドライバーでつけ、座に合う位置にひねりを取りつける。

金具をつけてから内袋を貼る。ひねり金具の座を取りつける部分は厚みが出ないよう内袋を作る際に調整すること。

▶マチ布（2枚）の型紙

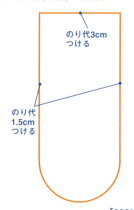

[200%拡大]

※あじろ編みのクラッチ（p.66）共通。ただし、あじろを編む手加減でサイズが変わることがあるので、必要に応じて調整して使用してください。

▶チェーンの取りつけ方

❶編みひも（縦に通っているひも）に丸カンを通し、ナスカンでチェーンをつける。

70

Photo p.7 Size W36.5×H25×D15.5cm

北欧柄のステッチバッグ

※材料、エコクラフトのカット幅と本数、作り方は30ページを参照してください。

[裁ち図]

つゆ草　　　　　　　　　　　　　　　　　　　　　　　　　　　　□=余り部分

① 6本どり 94cm×21本
1180cm

② 6本どり 73cm×49本
1168cm

③ 6本どり 107cm×20本
⑥ 12本どり 108cm×1本
⑧ 2本どり 480cm×1本
⑤ 12本どり 107cm×1本
⑦ 12本どり 105cm×1本
⑨ 10本どり 92cm×2本
⑩ 10本どり 93cm×2本
1187cm
1121cm

グレー

④ 6本どり 107cm×13本
⑪ 2本どり 570cm×2本
1212cm

[柄見本]

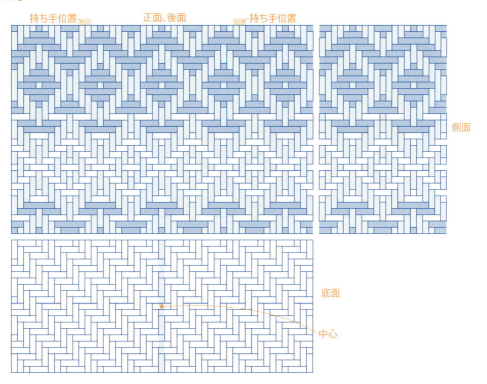

持ち手位置　正面、後面　持ち手位置　側面　底面　中心

古木明美
FURUKI AKEMI

ぷるる工房主宰。神奈川県在住。2001年よりエコクラフト講師、作家活動を始める。本や雑誌、テレビ等で広く活動し、海外でのワークショップも行う。著書多数。近著に『PPバンドで作るかわいいプラかごとバッグ』『エコクラフトのおしゃれ編み地のかごとバッグ』（ともに河出書房新社）などがある。

ぷるる工房H.P.
http://park14.wakwak.com/~p-k/
ブログ
https://ameblo.jp/pururu-koubou/

本書の内容に関するお問い合わせは、お手紙かメール（jitsuyou@kawade.co.jp）にて承ります。恐縮ですが、お電話でのお問い合わせはご遠慮くださいますようお願いいたします。

エコクラフトで作る大人スタイルのかごとバッグ

2018年2月18日　初版印刷
2018年2月28日　初版発行

著　者　古木明美
発行者　小野寺優
発行所　株式会社河出書房新社
　　　　〒151-0051　東京都渋谷区千駄ヶ谷2-32-2
　　　　電話　03-3404-8611　（編集）
　　　　　　　03-3404-1201　（営業）
　　　　http://www.kawade.co.jp/
印刷・製本　図書印刷株式会社

ISBN978-4-309-28667-9　Printed in Japan

落丁・乱丁本はお取り替えいたします。
本書のコピー、スキャン、デジタル化等の無断複製は著作権法上での例外を除き禁じられています。本書を代行業者等の第三者に依頼してスキャンやデジタル化することは、いかなる場合も著作権法違反となります。

本誌掲載作品を無断で複製・販売（店頭、ネットオークション等）することは、個人で楽しむ場合を除き、禁じられています。また、無断で講習に使用することもご遠慮ください。

■ STAFF

デザイン
原てるみ、星野愛弓（mill design studio）

写真
三好宣弘（RELATION）

図版
川島豊美（Kawashima Design Office）

DTP
アーティザンカンパニー株式会社

編集
村松千絵（Cre-Sea）

■ 撮 影 協 力

植松芳子、大久保千穂、直井真紀、古幡千夏、森晴美、山田成子、中本雅子

■ 材 料 協 力

[エコクラフト]
ハマナカ株式会社
http://www.hamanaka.co.jp
info@hamanaka.co.jp

[芯地]
浅草ゆうらぶ
http://www.youlove.co.jp

[金具]
INAZUMA／植村株式会社
http://www.inazuma.biz

[持ち手、チェーン]
株式会社角田商店
http://shop.towanny.com

[ボンド木工用多用途]
コニシ株式会社
http:// www.bond.co.jp
0120-281168（接着相談室）

[布]
fabric bird／中商事株式会社
http://www.rakuten.ne.jp/gold/fabricbird/

[金具]
メルヘンアート株式会社
http://www.marchen-art.co.jp/

■ 小 物 協 力

アワビーズ　☎03-5786-1600
UTUWA　☎03-6447-0070